Et moi, je fais quoi ?

John Butler

Gautier • Languereau

À Emily Victoria

Publié pour la première fois en 2003 par Puffin Books, Penguin Group,
Londres, sous le titre *Who says Woof ?*

ISBN : 201391002.9
Dépôt légal n° 30180 – Édition 01 – Mai 2003
Loi n° 49-956 du 16 juillet 1949 sur les publications destinées à la jeunesse
Imprimé en Chine

Qui fait

OUaf ?

C'est
le
chien !

Qui fait

meuhh ?

C’est
la
vache !

Qui fait

groin-groink ?

C'est
le
cochon !

Qui fait

hi-han ?

C'est l'âne !

Qui fait

cot-cot ?

C'est
la
poule !

Qui fait

hii-hiii ?

C'est
le
cheval !

Qui fait **miaou** ?

C'est
le
chat !

Qui fait

bêêêê ?

C’est
le
mouton !

Qui fait

COuic ?

C'est
la
souris !

Qui fait

coin

coin

coin

coin

coin

coin ?

C'est
la cane
avec tous ses
canetons !

Coin

Coin

Coin

Coin

Coin

ouaf
meuh
groink
cot-cot
hi-han
hii-hiii
bêêêê
miaou
couic
coin-coin